I Mam, Dad & Carole

Argraffiad cyntaf: 2013

Dymuna'r cyhoeddwyr gydnabod cymorth ariannol
Cyngor Llyfrau Cymru

Rhif Llyfr Rhyngwladol: 978 1 84771 658 3

FSC

Cyhoeddwyd, rhwymwyd ac argraffwyd yng Nghymru gan
Y Lolfa Cyf., Talybont, Ceredigion SY24 5HE
gwefan www.ylolfa.com
e-bost ylolfa@ylolfa.com
ffôn 01970 832 304
ffacs 832 782

rockpool
children's books

Rockpool Children's Books, 15 North Street,
Marton, Warwickshire CV23 9RJ

Ffan bach Rygbi Cymru

Mark Williams
Addasiad Cymraeg: Meinir Wyn Edwards

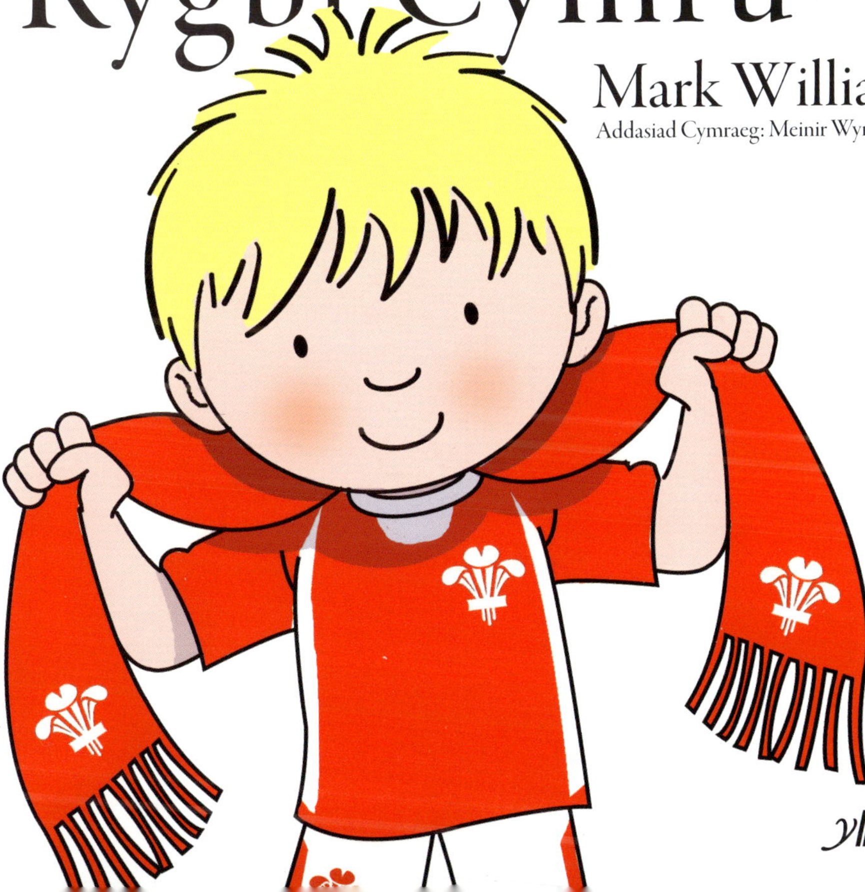

y Lolfa

Un tro, roedd yna ffan bach rygbi Cymru. Ei enw oedd Gareth.

Roedd Gareth yn chwarae rygbi yn yr ardd...

... allan ar y stryd...

... yn ei stafell wely...

... ac yn y gegin,
pan fyddai'n dywyll
y tu allan!

Ond roedd Gareth yn mwynhau un peth yn fwy na chwarae rygbi…

... sef mynd i wylio gêm rygbi gyda'i dad! Ond roedd ei dad yn gweithio oddi cartre a'i fam yn brysur bob dydd Sadwrn, felly doedd Gareth ddim wedi bod mewn gêm ers oes pys.

Bob dydd Sadwrn, byddai Gareth yn edrych ar y plant eraill yn cerdded heibio'r tŷ ar eu ffordd i'r cae rygbi.

Teimlai'n drist. Byddai wrth ei fodd yn mynd gyda nhw. Ond byddai cael ei dad adre yn well fyth, fel y byddai'r ddau'n gallu mynd gyda'i gilydd.

Un diwrnod, wrth i Gareth ymarfer ei sgiliau rygbi yn y parc, gwelodd ffan rygbi Cymru arall!

Dechreuodd y ddau siarad fel pwll y môr am eu hoff chwaraewyr, y ceisiau gorau a'r gêmau rygbi gorau erioed!

"Wyt ti'n mynd i'r gêm dydd Sadwrn?" gofynnodd Rhys, ffrind newydd Gareth.
"Na," atebodd Gareth yn dawel.
"Dyw Mam na Dad ddim yn gallu mynd â fi."

"O, paid â phoeni," meddai Rhys.
"Galli di ddod gyda ni!"

Wel, roedd Gareth yn gyffro
i gyd! Ond beth os na fyddai
ei fam yn fodlon iddo fynd?
Taclusodd Gareth ei
stafell wely bob nos!

Ond roedd popeth yn iawn! Rhoddodd ei fam arian i Gareth brynu tocyn i'r gêm...

... a digon i brynu bwyd yn
ystod hanner amser!

Roedd Gareth yn canu a gweiddi'n groch gyda'r dorf, wrth i'w dîm sgorio cais ar ôl cais!

Cafodd amser anhygoel ac
enillodd ei dîm y gêm yn hawdd.

Y noson cyn y gêm nesa, roedd Gareth yn rhy gyffrous i orwedd yn llonydd.

O'r diwedd, syrthiodd i gysgu a breuddwydio am ei arwyr yn sgorio ceisiau gwych. Ond pan ddeffrodd, cafodd sioc.

Roedd ei dad yn eistedd ar y gwely!
“Wel, ti isie dod i’r gêm gyda fi?”

Neidiodd Gareth o’r gwely a
rhoi cwtsh ANFERTH i’w dad.

Roedd Gareth, ffan bach rygbi Cymru, yn teimlo'n falch iawn wrth wisgo ei grys a'i sgarff. Aeth Rhys a'i dad gyda nhw ac enillodd Cymru 39 – 12! "Hwrê!"

Ffan bach
RYGBI CYMRU

Ffaith

Sgorio'r nifer fwyaf
o geisiau dros Gymru

Shane Williams

58 cais

CYMRU

Am restr gyflawn o lyfrau'r Lolfa, mynnwch
gopi am ddim o'n catalog
neu hwyliwch i mewn i'n gwefan

www.ylolfa.com

lle gallwch archebu llyfrau ar-lein.

y Lolfa

TALYBONT CEREDIGION CYMRU SY24 5HE
ebost ylolfa@ylolfa.com
gwefan www.ylolfa.com
ffôn 01970 832 304
ffacs 832 782